VENTE DU JEUDI 10 DÉCEMBRE 1908
HOTEL DROUOT, SALLE N° 7
A DEUX HEURES

Estampes Anciennes

Des Écoles

FRANÇAISE ET ANGLAISE DU XVIIIe SIÈCLE

EN NOIR ET EN COULEURS

Encadrées ou en Feuilles

DESSINS ANCIENS ET MODERNES

COMMISSAIRE-PRISEUR

Me F. LAIR-DUBREUIL, 6, rue Favart

EXPERTS

MM. PAULME & B. LASQUIN FILS

10, rue Chauchat — 12, rue Laffitte

PARIS

EXPOSITION PUBLIQUE

Le Mercredi 9 Décembre 1908, de 1 h. 1/2 à 5 h. 1/2

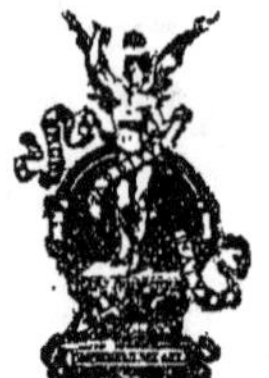

CATALOGUE

DES

Estampes Anciennes

DES ÉCOLES
FRANÇAISE ET ANGLAISE DU XVIIIᵉ SIÈCLE

EN NOIR ET EN COULEURS
Encadrées ou en Feuilles

ŒUVRES PAR OU D'APRÈS

ALIX, DEBUCOURT, DEMARTEAU, FRAGONARD, HOGARTH, HOPPNER, J.-B. HUET,
LANCRET, LAWREINCE, TH. LAWRENCE, L. MARIN,
G. MORLAND, PETERS, SERGENT-MARCEAU, SWEBACH, TAUNAY,
VAN GORP, WARD, WATTEAU, ETC., ETC.

DESSINS ANCIENS ET MODERNES

Aquarelles, Gouaches, Pastels, etc., etc.

RECUEILS DE DESSINS, ETC.

Dont la vente aux enchères publiques aura lieu

HOTEL DROUOT, SALLE Nº 7

LE JEUDI 10 DÉCEMBRE 1908

A DEUX HEURES

<table>
<tr><td>COMMISSAIRE-PRISEUR</td><td>EXPERTS</td></tr>
<tr><td>Mᶜ F. LAIR-DUBREUIL</td><td>MM. PAULME & B. LASQUIN Fils</td></tr>
<tr><td>6, rue Favart</td><td>10, rue Chauchat — 12, rue Laffitte</td></tr>
</table>

PARIS

Chez lesquels se distribue le présent catalogue

EXPOSITION PUBLIQUE

Le Mercredi 9 Décembre 1908, de 1 h. 1/2 à 5 h. 1/2

CONDITIONS DE LA VENTE

Elle aura lieu expressément au comptant.

Les adjudicataires paieront *dix pour cent* en sus des prix d'adjudication.

L'exposition publique permettant aux amateurs de se rendre compte de l'état et de la nature des estampes et dessins mis en vente, aucune réclamation, pour quelque cause que ce soit, ne sera admise, une fois l'adjudication prononcée.

Les experts, dans l'intérêt de la vente, se réservent la faculté de rassembler ou diviser les lots; ils rempliront aux conditions d'usage (cinq pour cent sur la limite) les commissions que voudraient leur confier les amateurs ne pouvant assister à la vente.

L'ordre numérique sera suivi.

N. B. — Les Estampes ne seront visibles que le jour de l'exposition ou le jour de la vente, avant la vacation, de une heure à deux heures.

Paris. — Imp. de l'Art, Ch. Berger, 41, rue de la Victoire.

DÉSIGNATION

ESTAMPES ANCIENNES
ET MODERNES

1 — ALIX, d'après DEMARNE. — *La Promenade du soir.*

> Épreuve imprimée en couleurs ; marge.

2 — *Premier acte civil de la République d'Athènes.*

> Grande gravure noire ; marge. Encadrée.

3 — ANONYME. — *Fables de Lafontaine.*

> Suite de vignettes.

4 — *Veillez amans, si l'Amour dort.*

> Épreuve encadrée.

5 — AUBRY (D'après). — *La Demande en mariage.*

> Épreuve à l'eau-forte avant la lettre ; marge. Encadrée.

6 — AUDOUIN, d'après le BARON GROS. — *Portrait de Louis XVIII, en costume du Sacre.*

> Superbe épreuve avant la lettre. Encadrée.

7 — BERVIC, d'après CALLET. — *Portrait de Louis XVI en costume du Sacre.*

> Superbe épreuve avant la lettre, signée du graveur. Encadrée.

8 — BIGG (D'après W. D.). — *Le Retour du jeune matelot, etc.*

> Épreuve en couleurs, marge. Encadrée.

9 — BOSIO (D'après). — *Le Collin-Maillard. — Les Quatre coins.*

> Deux pendants en couleurs. Reproductions. Encadrées.

10 — BOUCHER (D'après F.), par ELLUIN. — *Berger, bergère et moutons.*

> Epreuve encadrée.

11 — CALLOT (J.). — *Plan de la Ville de Paris.*

> Épreuve encadrée.

12 — CARINGTON-BOWLES (Publish'd by). — *Age and Avarice.*

> Gravure en couleurs; petite marge. Encadrée.

13 — *January and May. — A. Saint Giles's Beauty.*

> Deux pendants imprimés en couleurs; marge. Encadrés.

14 — CHALLE (D'après), par DESCOURTIS. — *Les Espiègles.*

> Épreuve de la reproduction. Encadrée.

15 — CHAPONNIER, d'après RAPHAEL et CARRACHE. — *La Vierge, l'Enfant Jésus et saint Jean-Baptiste.*

> Deux pendants en couleurs. Encadrés.

16 — CHEVILLET. — *L'Amour maternelle* (sic).
>   Épreuve encadrée.

17 — CHRIST (J.). — *La Liseuse.*
>   Gravure en manière noire. Encadrée.

18 — DAVID (D'après L.). — *Napoléon Bonaparte passant les Alpes.*
>   Gravure noire. Encadrée.

19 — DEBUCOURT (P.-L.). — *La Flambée du cochon.* — *Paysage d'hiver.*
>   Deux gravures imprimées en couleurs. Encadrées.

20 — *Rempailleur de chaises,* d'après C. VERNET.
>   Épreuve imprimée en couleurs.

21 — *La Marchande d'eau-de-vie,* d'après C. VERNET.
>   Épreuve imprimée en couleurs; petite marge.

22 — *Le Chasseur.* — *Le Chasseur au tirer.* — *Le Départ du chasseur.* — *Le Retour du chasseur.*
>   Suite de quatre gravures, d'après C. VERNET, en noir. Encadrées.

23 — DEMARTEAU (G.), d'après BOUCHER. — *Pastorale.*
>   Épreuve à la sanguine. Encadrée.

24 — *Bergère assise.* — *Jardinière debout.* — *Le Petit Jardinier,* etc., d'après BOUCHER, etc.
>   Six épreuves à la sanguine. Encadrées.

25 — *Tête de vieillard barbu,* d'après DOYEN.
>   Gravure aux trois crayons. Encadrée.

26 — DIVERS. Lot de gravures encadrées.

27 — ÉCOLE FRANÇAISE DU XVIIIᵉ SIÈCLE. — *Sujets pastoraux.*

> Deux gravures en couleurs, faisant pendants; marge. Encadrées.

28 — Sous ce numéro, seront vendues en lots des gravures anciennes imprimées en noir et en couleurs.

29 — *Marines.*

> Deux pendants gravés en fac-simile de dessins. Encadrés.

30 — *L'Aveugle détrompé*, d'après CARESME. — *La Reine Elisabeth, le Comte d'Essex et lord Homard*, avec son pendant. — *L'Abandon voluptueux.* — *L'Attention dangereuse.* — *Nicodème.* — *Oh! che gusto!* — *L'Amour couronné par les Grâces.* — *Diana and Acteon.* — *Nuptial felicity.*

> Dix pièces.

31 — ÉCOLE FRANÇAISE DU XIXᵉ SIÈCLE. — *Le Premier Pas masculin. — Le Premier Pas féminin.*

> Deux pendants en couleurs. Encadrés.

32 — ÉCOLE ROMANTIQUE. — *Portraits, illustrations, sujets variés.*

> Vingt-sept pièces in-4, gravées au burin.

33 — FRAGONARD (D'après H.), par de LAUNAY. — *Les Beignets. — L'Heureuse fécondité.*

> Deux pendants encadrés.

34 — *La Résistance inutile. — La Rose prise.*

> Deux estampes faisant pendants, par Vidal, imprimées en couleurs, l'une avant la lettre, l'autre avant la dédicace; marge. Encadrées.

35 — *Le Baiser à la dérobée*, par REGNAULT.

> Épreuve avec petite marge. Encadrée.

36 — GÉRARD (D'après Mlle). — *L'Étude de la Musique.*
Épreuve encadrée.

37 — GRIMOU (D'après), par Boizot. — *Portrait d'Homme.*
Épreuve encadrée.

38 — GUYOT, d'après Delerive. — *Clémence d'Henri IV.*
Épreuve imprimée en couleurs; marge. Encadrée.

39 — HELLEU. — *Portrait de Jeune Femme.*
Pointe sèche. Signée. Encadrée.

40 — HOGARTH (W.). — *The Works of William Hogarth*, from the original plates restored by James Heath Esq. R. A., London, 1822.
Album grand in-folio avec texte et frontispice-portrait de l'artiste et un nombre considérable de gravures.

41 — HOPPNER (D'après J.), par C. Watson. — *Her royal Highness princess Sophia.*
Épreuve en noir, à toute marge. Encadrée.

42 — HUET (D'après J.-B.), par L. Bonnet. — *La Troupe ambulante des rues de Paris. — Le Marchand d'orviétan de campagne.*
Deux pendants imprimés en couleurs, avec marge. Encadrés.

43 — *L'Amant écouté. — L'Éventail cassé.*
Deux pendants imprimés en couleur; petite marge. Encadrés.

44 — *La Mauvaise Mère.*
Très rare petite estampe imprimée en couleurs, avec petite marge. Encadrée.

45 — *Le Point d'honneur, ou le Petit Duel. — Le Coq secouru. — Les Échasses.*
Trois estampes imprimées en couleurs; marge. Encadrée.

46 — HUNT (G.), d'après H.-B. Ziegler. — *View of the Worcester race-course and grand stand.*
Superbe et rare épreuve imprimée en couleurs, avec marge. Encadrée.

47 — JANINET (F.), d'après Hubert Robert. — *Restes du Palais du Pape Jules.*
Épreuve imprimée en couleurs; marge. Encadrée.

48 — JAZET. — *Le Braconnier.*
Épreuve en couleurs. Encadrée.

49 — LACROIX (D'après). — *Le Tibre.*
Gravure en noir. Encadrée.

50 — LANCRET (D'après N.), par de Larmessin. — *Pastorale.*
Épreuve encadrée.

51 — *Les Deux Amis.*
Epreuve encadrée.

52 — *Le Glorieux*, par Dupuis.
Superbe épreuve à toute marge non ébarbée.

53 — LANDSEER (D'après). — *Henriette* et *Beatrix Hamilton.*
Gravure en noir. Encadrée.

54 — LARGILLIÈRE (D'après N. de), par SURUGUE. — *Stephanus Franciscus Geoffroy, parisinus.*

Portrait gravé en noir. Encadré.

55 — LAWRENCE (D'après N.), par N. de LAUNAY. — *Le Billet doux.*

Épreuve encadrée.

56 — *L'Innocence en danger.*

Epreuve sans marge. Encadrée.

57 — *L'Heureux moment.*

Superbe épreuve ; marge.

58 — *Ah ! qu'elle est heureuse !* par de BRÉA.

Superbe épreuve du premier état, avant la lettre, imprimée en couleurs; marge. Encadrée.

59 — *La Comparaison. — L'Aveu difficile.*

Deux pièces en couleurs. Reproductions.

60 — LAWRENCE (D'après Th.), par S. COUSINS. — *Lady Gower and child.*

Belle épreuve; petite marge. Encadrée.

61 — *His Grace Francis, Duke of Leeds*, par MEADOWS.

Superbe épreuve avec lettres tracées; marge. Encadrée.

62 — LE PRINCE (D'après J.-B.), par HELMAN. — *La Précaution inutile.*

Épreuve encadrée.

63 — MALLET (D'après). — *L'Amour au Couvent.*

Épreuve avant la lettre; marge. Encadrée.

1.000

64 — MARIN (L.). — *The Pleasures of education.* — *The Charms of the morning.*

> Deux pendants imprimés en couleurs. Superbes et très fraîches épreuves, avec petite marge.

780

65 — MORLAND (D'après G.), par WARD. — *A Vitit to the child at nurse.* — *A Visit to the boarding-school.*

> Deux estampes faisant pendants, imprimées en couleurs, sans marge. Encadrées.

1.000

66 — *A Tea-Garden.* — *Saint-James's Park*, par SOIRON.

> Deux gravures ovales faisant pendants, en couleurs, avec grande marge. Encadrées.

63

67 — *Gathering fruit.* — *Gathering wood*, par MEADOWS.

> Deux pendants en bistre; petite marge. Encadrés.

95

68 — OLIVIER (D'après), par MARTINI et LE BAS. — Ire et 2me *Vue de l'Ile Barbe, à Lyon.*

> Deux superbes épreuves faisant pendants, avant toute lettre, à toute marge non ébarbée.

83

69 — PACK (THOMAS). — *The Mouse-trap.*

> Gravure anglaise en manière noire, avec marge. Cadre ancien Louis XVI en bois doré.

355

70 — PETERS (D'après), par DICKINSON. — *Lydia.*

> Charmante estampe anglaise en manière noire, avec petite marge. Encadrée.

90

71 — *Enfant et son ange gardien*, par AUG. LEGRAND.

> Deux gravures en couleurs ; marge. Encadrées.

72 — PIGEOT. — *Offrande à Vénus.*

> Épreuve avant la lettre. Encadrée.

73 — QUEVERDO (D'après), par DAMBRUN. — *Le Levé de la Mariée.*

Épreuve, avec marge. Encadrée.

74 — RAFFET. — *Campagne de Rome.*

Trois lithographies.

75 — REMBRANDT. — *La Résurrection de Lazare.*

Épreuve encadrée.

76 — *Le Bon Samaritain.*

Épreuve encadrée.

77 — *L'Apparition aux bergers. — Le Docteur Faustus. — Les Disciples d'Emmaüs. — Jésus chassant les marchands du temple.*

Cinq pièces encadrées.

78 — REYNOLDS (D'après Sir J.), par T. WATSON. — *The Honble Mrs Parker.*

Manière noire. Cadre ancien Louis XVI en bois doré.

79 — REYNOLDS (W.). — *Mazeppa.*

Gravure en manière noire ; marge. Cadre ancien en bois sculpté.

80 — SAYER (Publish'd by R.) — *La Perte irréparable. — La Chambrière instruite.*

Deux pendants, à toute marge. Encadrés.

81 — SERGENT - MARCEAU. — *Marceau, né à Chartres,* etc.

Superbe épreuve, imprimée en couleurs, avec grande marge. Rare en cet état.

82 — *J.-B. Bossuet.*

Médaillon ovale en couleurs ; marge. Encadré.

83 — *Jeanne Laisné, surnommée Hachette.*

Épreuve en couleurs ; marge. Encadrée.

84 — SICARDI (D'après), par Copia. — *Oh ! che gusto !
— Come la trovate ?*

> Deux gravures en couleurs faisant pendants; marge.
> Encadrées.

85 — SINGLETON (D'après). — *Scarcity in India.*
> Épreuve en couleurs; marge. Encadrée.

86 — *Le Repos du laboureur,* par Cardon.
> Épreuve en couleurs. Encadrée.

87 — SMITH (D'après J.-R.), par Ward. — *Sujet
galant.*

> Estampe en médaillon rond imprimée en couleurs; re-
> margée. Encadrée.

360

88 — SWEBACH (D'après), par Lecœur. — *Bal de la
Bastille.*

> Belle et rare épreuve imprimée en couleurs. Marge.
> Encadrée.

1.530

89 — TAUNAY (D'après N.), par Descourtis. — *La
Noce de Village. — La Foire de Village. — La Rixe.
— Le Tambourin.*

> Suite de quatre estampes imprimées en couleurs, pu-
> bliées chez Descourtis et Morret; petite marge. Enca-
> drées.

495

90 — VAN GORP (D'après), par Malles. — *Ah ! qu'il est
joli ! — Le Déjeuner de Fanfan.*

> Deux pendants imprimés en couleurs; remargés. Enca-
> drés.

91 — VERNET (D'après C.), par Debucourt. — *La
Marchande d'eau-de-vie.*

> Épreuve imprimée en couleurs; marge. Encadrée.

92 — VERNET (D'après J.). — *La Belle Matinée.*
> Gravure noire; marge. Encadrée.

93 — VIGÉE-LEBRUN (D'après Mme), par MULLER. — *Portrait de Mme Vigée-Lebrun*.

Très belle épreuve à toute marge.

205

94 — WARD (D'après J.), par W. WARD.— *The happy Father.— The happy Mother*.

Deux pendants imprimés en couleurs. Marge.

135

95 — *Reaping. — The Gleaners returned*.

Deux pendants en manière noire; marge

96 — WATSON (Th.), d'après N. DANCE. — *Lord Apsley and his brother*.

Épreuve en manière noire. Encadrée.

97 — WATTEAU (D'après Ant.), par AUDRAN. — *Le Concert champêtre*.

Épreuve encadrée.

98 — *La Conversation*, par LIOTARD.

Épreuve avec petite marge.

265

98 *bis* — WHEATLEY (D'après). — *Sweet China oranges* (n° 3). — *Strawberrys, scarlet strawberrys !* (n° 9). — *Old chairs to mend* (n° 10).

Trois pièces des *Cris de Londres*, gravées par Schiavonetti et Vendramini. Belles épreuves en noir, avec marge.

99 — WOLFF (D'après). — *L'Arc-en-ciel*.

Épreuve en couleurs. Encadrée.

100 — WOUVERMAN (D'après), par LE BAS. — *Départ de chasse. — Prise du Héron*.

Deux pendants avec marge. Encadrés.

1.450

101 — YOUNG, d'après BEECHY et HOPPNER. — *The Gipsy fortune teller. — The show*.

Deux gravures anglaises faisant pendants, en couleurs; marge. Encadrées.

101 *bis* — Estampes non cataloguées.

DESSINS ANCIENS

ET MODERNES

102 — ANONYME. — *Paysage.*
Sépia. Encadré.

103 — *Paysage, Ruines et Personnages.*
Médaillon rond, à la sépia. Encadré.

104 — *Paysage avec pêcheurs.*
A la sépia. Encadré.

105 — *Fleurs.*
Douze aquarelles. Encadrées. (Sera divisé.)

106 — BEUCHOT (M.). — *La Partie de bateau.*
Gouache. Encadrée.

107 — BOISSIEU (De). *L'Abreuvoir.*
Lavis d'encre de chine. Encadré.

108 — DELACROIX (A.). *Deux Turcs.*
Aquarelle signée.

109 — ÉCOLE FRANÇAISE. — *Jeune Homme au manchon.*
A la sanguine. Cadre ancien.

110 — *Paysage et Personnages.*
Gouache encadrée.

111 — *Réunion dans un parc.*
Gouache encadrée.

112 — ÉCOLE ITALIENNE. — *Isola d'Ischia. — Napoli dal Carmine. — Napoli, Santa Lucia.*
Trois pièces gouachées. Encadrées.

113 — FEUCHÈRE (LÉON). — *Compositions décoratives.*
Trois dessins au trait, rehaussés d'aquarelle.

114 — FREUDEBERG (S.). — *Costumes suisses.*
Dessin au lavis et à l'aquarelle. Encadré.

115 — LECOINTE (CH.). — *Paysage et figures.*
Aquarelle signée et datée : 1872.

116 — LE PRINCE (D'après J.-B.). — *Compositions décoratives*, dans le goût chinois.
Cinq dessins au lavis ou aquarelle.

117 — NOVELLO (PIETRO). — *Projet de statue.*
Dessin à la plume. Encadré

118 — SWEBACH (E.). — *Paysanne et son âne.*
A la plume et au lavis. Encadré.

119 — VERNET (Attribués à CARLE). — *Le Rendez-vous de chasse. — Le Retour de la chasse.*
Deux dessins au lavis d'encre de Chine, avec rehauts de gouache.

120 — WATTEAU (D'après ANT.). — *Sujet pastoral.*
Dessin à la plume simulant une gravure. Encadré.

121 — Dessin sous verre.

122 — *Portrait de Jeune Homme.*
Dessin aux crayons de couleurs.

123 — Album renfermant trente-huit dessins au crayon, à la plume ou à l'aquarelle, par ANDRIEUX, CALAME, MADOU, ROQUEPLAN et autres.

124 — Album renfermant quinze dessins au crayon ou à la plume, par CHARLET, signés pour la plupart, pour illustrer une *Histoire de Napoléon*.

125 — Album renfermant trente-quatre dessins au crayon, à la plume ou l'aquarelle, par CICERI, ANDRIEUX, Th. FORT, etc.

126 — Album renfermant vingt-six dessins à la plume, par GRANVILLE, LAROCHE, C. ROQUEPLAN, Ch. JACQUE, G. DORÉ, VERNET, etc.

127 — Album renfermant quarante-trois dessins aux crayons noir et blanc sur papier gris pour illustrer l'*Ancien et le Nouveau Testament*.

128 — Album renfermant vingt-trois dessins au crayon, sépia, ou aquarelle : paysages, fleurs, etc. Reliure in-4° à l'italienne, maroquin et dorure.

129 — Album renfermant cinquante-neuf dessins au crayon, plume, sépia ou aquarelle : paysages, costumes, vues, etc. Reliure in-4° à l'italienne, maroquin et dorure.

130 — PASTELS : *Portraits de Jeunes Femmes.* XVIIIe siècle.

131 à 140 — Dessins non catalogués.